Astukaa sisään

katsokaa
onnenkukka kukkii
matkaeväs
se, jota jokainen rakastaa
joskus

Ennen ja Nyt

Tuula Salomaa

ENNEN JA NYT

runoja

ENNeN ja Nyt

Kustantaja:
BoD – Books on Demand, Helsinki, Suomi
Valmistaja:
BoD – Books on Demand, Norderstedt, Saksa
ISBN 978-952-330-431-4

Lukijalle

Runsas vuosi sitten runoilija Tuula Salomaa antoi suostumuksen koota hänen ensimmäisen runokokoelmansa VieLä, KUN SydäN SyKKii. Jo tuolloin oli selvää, ettei yhteistyörupeama jäisi viimeiseksi.

Tämä runoteos, ENNeN ʃa Nyt, sisältää kirjailijan haiku- ja tankarunojen lisäksi joitakin hänelle rakkaita ystävien kirjoittamia runoja.

Kirja on näyte Salomaan ilmaisullisesta herkkyydestä ja kikkailemattomasta tavasta kohdata luonto, asiat ja elämä.

Lähtemättömän vaikutuksen tekee myös hänen rakastava suhtautuminen läheisiinsä.

Kirjan uusittu kolmas painos

Riihimäessä 9.8.2016

Mauri Laakkonen

ENNEN ja NYT

ENNEN JA NYT

Silloin jo tiesin

*K*irjani lehdet,

> tallessa kaikki sivut,
> muistoja täynnä
> mieluista mietteen hetket
> kuin täysiä satuja

20.6.2015

*P*itkä odotus

> kasvattaa sisun rippeet
> huomisen varaan

19.6.2015

*T*ahdoin kokeilla

> rajojeni määriä
> muutaman hetken
> mies, on aika outona
> juuri siksi ihana

18.6.2015

*T*aivaan sinessä

    aamujen valojuovat
    sinun kanssasi

                21.6 2015

*K*uulas kesä yö

    hiljaisuuden hetki lyö
    sadun salaisuus

                26.6.2015

*U*sva leijuu luo

    säkenöitsee lähde tuo
    pintaa auringon
ajan hauras unelma
tähtisade, suudelma

                26.6.2015

Varhaiset aamut

pitkää, rikasta unta
auringon nousuun
mieli kahlaa pilviä
valkeiden joutsensiivin

27.6.2015

Piti kokea

tahtomattakin julmaa
"kurja ihminen"
jätti puuttumaan yhden
uskoin löytäväni sen

28.6.2015

Metsän kätköistä

viheltelee tuuliyö
kipuilevasti

29.6.2015

Andas hengitys

"piiputtelee" kitsaasti
rauhoittaa mieltä
remontin aikaisesti
kestokyvyn juurilla

30.6.2015

Silloin jo tiesin

Huhkajalammen rantaa
yksin kun kuljin
näin jatkuisi tieni pois
kultamailta lapsuuden

30.6.2016

Kylmeni huone

syty ei tulta enää
siivetön henki
tiedä ei minne mennä
mihin levolle laskis

30.6.2015

Ennen ja Nyt

ENNEN JA NYT

Rontikas ja lypsyjakkara

Ennen ja Nyt

" *H*yvää huomenta"

lämmin utare roiskii
maitoa poskiin
makea, tuore tuoksu
lehmän tuttu läheisyys

24.6.2015

*R*apsu nuoleksii

navettatakin kulmaa
hiljaa ynisten
taustalla soi tango
Kielon jäähyväisiä

26.6.2015

*K*ohta päättyisi

soma arkiaherrus
tavat opitut
kello viiden tuokiot
heräämisen hurmiot

26.6.2015

*R*auhaton Roisko

kolmanneksi parhaampi
ketjunravistus
hännän vauhko visputus
ylimielinen silmäys

28.6.2015

Lehmät:
Rontikas
Rapsu ja
Roisko

Sitä aikaa se
unohdu ei milloinkaan
olen aikuinen

ENNEN ja NYT

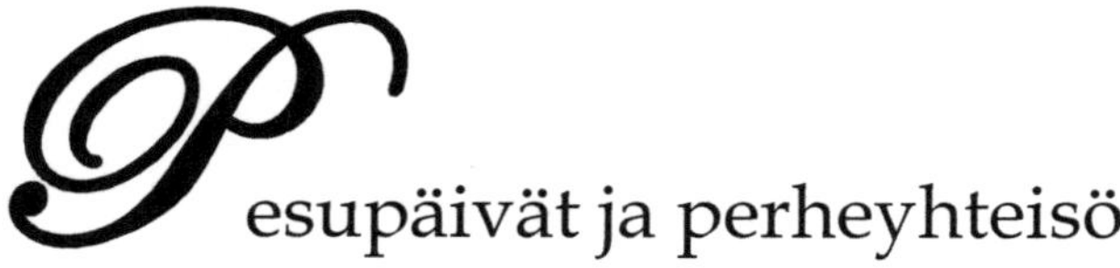

Pesupäivät ja perheyhteisö

Karjakeittiön

niukka valo ja kosteus
    tarrautui nenään
vesipata porisi
kutsui pyykkärit työhön

28.6.2015

Sitä aikaa se

muistan äitini laulut
    haikean hymyn
oli kevät ja tuuli
mummuni paistoi pullat

28.6.2015

Mustikat kypsyi

    vaarilla tuoksui terva
    kiihkeä kiihko
lapsilla suttuiset suut
vilkkaina paljaat varpaat

29.6.2015

ENNeN ja Nyt

Olen aikuinen

irti päästetyt sanat
huolen muruset
kisaa itseni kanssa
jo aamuvarhaisesta

29.6.2015

Pihan perällä

variksen kutsuääni
aamupalalle
viisi perheen jäsentä
äiti, isä ja lapset

Sujuva jako

kaikki saivat osansa
järjestys toimi

1.7.2015

"Käärmemäessä"

suksi jokaisen jalkaan
kuka uskaltaisi
pelon sekoituksessa
minä laskin pystyssä

1.7.2015

ENNEN ja NYT

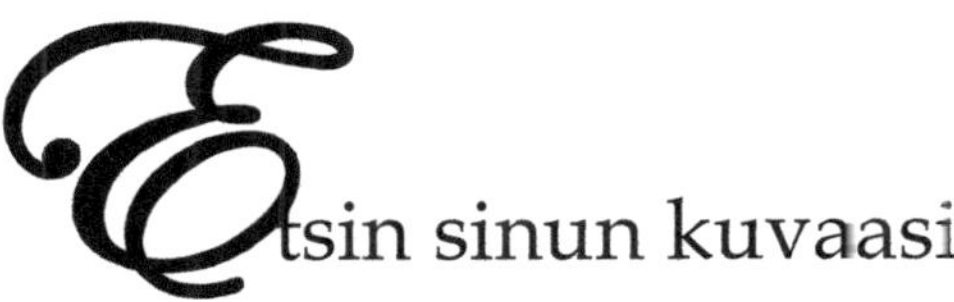

Etsin sinun kuvaasi

Suljetuin silmin

etsin sinun kuvaasi
lopusta alkuun
sormet kietoivat yhteen
sanojen kuiskauksia

1.7.2016

Ovatko

Hiljaiset tähdet

yön kirkkaat vaeltajat
rakkauden tulta

Vaiko

Kestohaaveita

yön kaihon kipinöitä
sattumuksia

Ovatko

4.7.2015

Tuskainen aika

odotuksen mittapuu
kätkeytyy hetkeen
yksinäisyyden yötä
sen tummia pilviä

4.7.2015

Väreilevän suon

aamukasteinen utu
keuhkon täydeltä
pitkospuita kipittää
aamuntuore ihminen

6.7.2015

Hengähdystauko

muistojen portaikossa
tiivis tunnelma
eksyneitten opastus
vaellusviitoitettu

7.7.2015

Ennen ja Nyt

Suon reunamalla

tihentynyt hengitys
kuorii näkymää
kuovin laskeutuminen
äänekkään vilkas hetki

8.7.2015

Punaportilla

erottuu pieni polku
unen partaalla
etsii suunnanmuutosta
hilpeä tuulenvire

9.7.2015

Raikas aamuyö

ripaus loihtii ihmeen
arjen keskelle
olen kuulevinani
meren kaihoisan kutsun

10.7.2015

Joutsenet

Siipien läiske

unessa uivat rinnan
kaulaillen yötä
kuutamon kirkas jana
hopeinen hohde, vana

11.7.2015

Aulangon puisto

Vanajavesi, suisto
helteistä kesää
hämeen helmenä herää
monen mielissä elää

11.7.2015

Hämeenlinnassa

Palokunnan katua
edelleen rantaan
kohta Aulanko kutsuu
Ojoinen katsoo kuuta

12.7.2015

Ennen ja Nyt

Kesäinen katu

kaupunki hiljaa herää
uniin haihtuviin
kiireinen lokki liitää
aamun auerta kohti

13.7.2015

Vanajanlinna

kutsuu, kiehtoo, tarjoilee
sattumuksia
parasta, kuumaa kesää
herättää mielen tiu'ut

14.7.2015

Pitkästä aikaa

suloisen terve aamu
hetki, hiljaisuus
mieli kertaa unelmat
paikkaa toivon kipinät

15.7.2015

Ennen ja Nyt

Aamun usvassa

hämärä haihtuu pilviin
silmä kirkastuu
mieli kumartaa kauas
sydämen syke kiihtyy

16.7 2015

Aamun kuviot

järjestäytyvät jonoon
kellon lyönneillä
ensin ääneen Ilmari
sitten Kivitaipale

17.7.2015

Aamun harmaissa

unettomat jääkukat
korsun koristeet
pilvet roikkuvat alas
sissisotilas valvoo

17.7.2015

Veri vieressä

   paksun rungon lähellä
    variksen pojat
mitä mietiskelevät
liikettäni valvovat

18.7.2015

Unen riekaleet

   pitkin taivaan kansia
    rauhattomina
on vain odotettava
toivottava parasta

18.7.2015

Tähtien tulet

   taivas kukkii unelmaa
    täysiin sydämiin

19.7.2015

ENNEN JA NYT

Tähtien alla

> meren vilpoinen syli
> tuulen tuoksahdus
> hiljaisuus kehrää unta
> seitin ohutta lankaa

19.7.2015

Tuntuu hyvältä

> tuuli kuivaa kyyneleet
> sade taukoaa
> pitää kaivatun paussin
> käännyn etuvasempaan

19.7 2015

Tähtien alla

> meren hiljainen laulu
> unelman ohut
> tuuli purjehtii länteen
> katoaa aavaan syliin

19.7.2015

Pihan kukkaset

raiskasi raju myrsky
keskellä kesää
raukat jäivät makaamaan
voimattomina täysin

20.7.2015

Keskellä kesää

sirkkojen viulut vinkuu:
kuivina heinät!
On ahkerat haravat
käsien taikavoimaa!

20.7.2015

Usvainen sade

peittää ikkunaruudun
koko maiseman
kohisten saapuu tuuli
korjaa porraspuun itkun

21.7.2015

Kaatosadetta

vuoroin aurinkohetki
hämmentää aistit
sinun kanssasi rauha
kodin sisäinen onni

22.7.2015

Aikainen aamu

niin monta yötä valvoin
kaivaten itkin
askeleesi kaikuivat
aina yhtä kaukana

23.7.2015

Tyhjä käteni

etsii muistosi piirteet
haudatun onnen
elokuun viimeinen yö
Ikävän lintu laulaa

23.7.2015

Ennen ja Nyt

Arpiset muistot

ilkeää piikkilankaa
veristä viivaa
pellonreunassa kiiltää
paimenpoikien rivit

24.7.2015

Aamun aikaiset

ihanat karjankellot
kaikki äänessä

25.7.2015

Pettymys krassaa

kroppa ei kestä, särkee
liika on liikaa
vedän peittoa korviin
unohtaakseni kivun

26.7.2015

Sanojen sielut

pulpahtelevat esiin
näkyväisiksi
hauraan haihtuvaisiksi
yli muiden arvojen

27.7 2015

Ulkona tuulee

kesän vihreät lehdet
huojahtelevat
missä kaikki perhoset
missä kukkien tuoksut

27.7.2015

Elokuun unet

odottavat kaukana
tulevaa aikaa
minussa uusi päivä
riittää täydellisesti

27.7.2015

𝒫eltojen yllä

    alkukesän iltayö
        metsän tuoksuja
mieleen hiipivä rauha
häivyttää päivän kiireen

29.7.2015

𝒮yksyn taivaalla

    öinen vallankumous
        tuhannet tähdet
kilvan tuikuttamassa
suuruuden ylistystä

28.7.2015

𝒱inttikaivolle

    johti polunpainama
        kielletty reitti
salaa sitä vilistin
kurkkimaan veden pintaa

29.7.2015

*J*okin minussa

kuin tulivuoren purkaus
levitti kivun
elokuu alkamassa
tätäkö saisin kestää

30.7.2015

*R*ovaniemellä

Antinkaapossa paras
on hillaleivos
viihtyisän siisti paikka
ovi kaikille avoin

31.7.2015

ENNEN JA NYT

Uutta aamua

*U*utta aamua

kivut kiukuttelevat
kuumeiset houreet
yllä leijailee pelko
nytkö on lähdön hetki

1.8.2015

*T*ähdet tuikkivat

juhlava elokuun yö
sinä ja minä

1.8.2015

*S*unnuntaiaamu

rauha lävistää kivun
aurinkosilmät
minuus karsinoituu jo
aika hukkaa itsensä

2.8.2015

*A*amun väreily

untuvankevyt kerros
haihtuvaa tuskaa
ihmisen mielipide
kestää ajan kulutusta

3.8.2015

ENNEN ja NYT

Etsin valonlähdettä

Ajan kysymys

kirsikkapuun vihreys
kukinnan taikaa

8.9.2015

Hiljainen tuuli

yksinäinen polku vie
kulkijan mieltä

9.9.2013

Aamu takkuilee

turhakkeen tuntuinen yö
pyörii mielessä
etsin valon lähdettä
nähdäkseni elämää

9.9.2015

ENNEN JA NYT

Kaiken kattava viisaus

Oh kuunneltava

alusta loppuun saakka
tuulen hyräilyt
ymmärrettävä arkuus
kaiken kattava viisaus

11.9.2015

Tuimasti tuulee

metsäpolun puissa soi
uhma armoton

11.9.2014

Kynä kädessä

kesytän muistoillani
syksyn pakkaset

12.9.2013

Yksi kerrallaan

käy tuulenvire yli
elämän meren
on vain oltava avoin
ja valmis unelmille

12.9 2015

Kaihonkukkia

siniset pilvet täynnä
kyynelten merta

13.9.2015

Runo on rakas

runo elää, kannustaa
yllättää, toivoo

14.9.2013

Kuusi aamua

odottaa meitä siellä
keskellä kesää
elämän temppelissä
sylimme lämpimässä

13.9.2015

Revontulia

ja magnettimyrskyjä
odotuksissa

14.9.2015

Hengityshuurun

poimulehden kasteessa
eliksiiriä

14.9.2015

Uutta aamua

hiljaisuuden keskellä
varjo varjelee

14.9.2015

Mieli kevéä

>kuin pienen kissanpojan
>vikkelä tassu

18.9.2015

Sateinen aamu

>pisarasolisteja
>siellä ja täällä

on pakko antautua
tunteiden vietäviksi

17.9.2015

Meri peilasi

>avointa taivaanrantaa
>vapauden tieksi

18.9.2015

Tuli ja meni

>kesän kultaiset päivät
>mitä edessä

-syksyn hauras pimeys
- pakkasen raju kylmyys

19.9.2015

Kaihonkukkia

mielihyvä kasvattaa
omaan unelmaan

22.9.2013

Pilvet kiitävät

ilman ajatuksia
päämäärää kohti
silmäsi seurailevat
tunnet vetoa matkaan

22.9.2015

Tahdon tuntea

levottomat jalkani
muutoksen tavoin,
jatkuvat oiretyrskyt
mielialaa ohjaillen

23.9.2015

Aamun harmaus

jokaisessa kolossa
kunnes kirkastuu
kaukainen taivaanranta
tulevaa päivää kohti

24.9.2015

Valonsäteitä

pyrkii mustaan yöhöni
unen keskelle

25.9.2015

Suuret unelmat

kutistuvat pieniksi
saattojoukoiksi

26.9.2015

Tuulinen aamu

syksyn kirjolehdissä
ystävän kaipuu

26.9.2015

*T*uuli levittyy

> kiskaisee muistikuvat
> näkyviksi

ajattelen enemmän
olenko tyhjää täynnä

27.9.2015

ENNEN JA NYT

Kuin mustan kissan varjo

Märkää sadetta

    myrsky lähestyy meitä
    ajatushukkaa

1.10.2015

Äkainen aamu

    linnut nukkuvat
        tuuli kuiskailee
ajatus karkaa pilviin
eläviin kuvioihin

2.10.2015

Äkainen aamu

    puhuttelee varmimmin
        saapuvan päivän
valitsee tehtävistä
onnistumisen ilot

2.10.2015

Tänään sumentaa

suru soittaa säveltään
sydän pakahtuu

6.10.2014

Kyynelten verran

yö kuristaa hiukseni
rintaasi vasten
sydämeni sykkeessä
taipuu tahtoni sinuun

29.9.2015

Aikainen aamu

tunteja heräämisiin
sinun kanssasi

5.10 2015

*H*ämärä hiipii

    valju aurinko laskee
       kesän kaipaukseen
    kypsän mansikan makuun
    herää pakkasen huuru

                    7.10.2015

*P*akkasyön jälkeen

    aurinko pilkistelee
      puiden rakosiin

                    7.10.2015

*S*yyspäivän unta

    koivujen keltalehdet
      pakkasyön jälkeen

                    7.10.2013

Syksyinen aamu

    maisema kuin sivelty
      väripensselein
sädehtivä aurinko
kruunaa katsojan silmät

8.10.2013

Akaisen aamun

    kasteenraikas syleily
      muistikuvissa
päivä valostuu
    kaipaan kättesi lämpöön
      huolettomuutta
tarkat korvani
    aistivat meren käynnin
      suloisen unen
unohtumattomasti
mieleeni painuneina

9.10 2015

Ennen ja Nyt

*T*äyden kuun aikaan

    pitkät yöt valvottavat
      kiusallisesti
sinä iltana
    loistivat kirkkaat valot
      läpi tunturin
eksymättä poluilta
käsi lämmitti käden

10.10.2015

<u>Muistanko:</u>

*P*itkin pimeää

    hiivin pakkasen reunaa
      kohti kevättä

muistanko vielä
    kevättuulten puhtauden
      polun varrelta
ryteikön sinivuokon
itkuni kyynelvirran

11.10.2015

Sateen keskellä

kaksi kirkasta yötä
tähdet juhlivat

12.10.2013

Yön hiljaisuutta

varoen hiipii aika
aamua kohti

13.10.2013

Toivon kipinät

sydämeen kätkettyinä
aamun tuulissa
valon kirkastus kestää
viettelee kitsain tuumin

13.10.2016

Päivä kirkastuu

kaukainen tuuli herää
hyväilee mieltä

14.10.2015

Aamun hiljaisuus

tuuli raottaa siivet
päivän kirkkauteen

15.10.2015

Pilven raosta

kurkistaa aamun tähti
mustaan maailmaan
yön pientareilla varjot
kylpevät kiehtovina

16.10.2015

Arjen pilkahdus

valvotun yön jälkeiset
rasitusraidat

16.10.2015

Arjen harmautta

pisarat hukkateillä
apeaa mieltä
natisee tuttu ovi
raskaasti auki vääntyy

Aamusta aamuun

valkenee taivaan kansi
odotan yötä
seison hievahtamatta
kaamoksen kantapäillä

18.10.2015

Usvan keskellä
herkkä sydän kipuilee
velloo menneissä

23.10.2015

Valoisa aamu

puhtaansininen taivas
yö kuutamoinen

20.10.2013

ENNEN ja NYT

*T*ähtien myötä

aamu sammuttaa kaipuun
elämän virtaan

21.10.2013

*Sy*ksyinen taivas

unessa tuulen varjo
ajan kimallus

23.10.2012

*H*iljainen rapse

sateen tarina yltyy
kohta kohisee

23.10.2013

*S*inun katseesi

lävisti harmaan aamun
taikoi kirkkauden
merellä tuuli pirstoi
suurten laineitten matkan

24.10.2015

Keskellä yötä

sädehtii kirkkaana kuu
muistojen ratsu
haaveksiva ajatus
nostaa hymyä huuliin

27.10.2015

Jokin helpottaa

että en unohtaisi
unelmiamme

Hämärä haihtuu

etsii ulospääsyä
mielen valoa

26.10 2015

Aamun koitteessa

hämärän rajamailla
liikehtii usva
kuin mustan kissan varjo
tai joulunajan taika

31.10.2015

Karu, musta maa

lokakuun ahtaat rippeet
synkistää mieltä

30.10.2015

Unessa tunsin

sinun kättesi lämmön
kosketuksena

31.10.2015

ENNEN JA NYT

Taikalintujen huilut

Hiljaisuus lepää

autiotalon yllä
varjo liikahtaa
pilvi on ajautunut
sirpalekuun eteiseen

1.11.2015

Sakea usva

pimentää aamun taivaan
pohjoisen tuuli
hapuilee kompassiaan
kadoksissa kalvas kuu

2.11.2015

Samea aamu

tuuli kääntää kylkeä
lehti liikahtaa

2.11.2015

Pohjan perällä

uljas Inarinjärvi
kulkijain haave
kuu tarjoaa sykettään
haaveksii ja unelmoi

2.11.2015

Aamuinen kurjuus

kivun kitkerä keidas
tahdoton tila
kovakourainen vieras
loppuelämän mauste

3.11.2015

Puiden oksilla

taikalintujen huilut
kevään airuet

3.11.2015

ENNEN ja Nyt

Oksa kurkottuu

taipuu kevättä kohti
sulan maan puoleen

3.11.2015

Sattumuksia

elämän kova koulu
alusta loppuun
toisinaan liian raskas
hauraita hymyn hetket

3.11.2015

Pelokas aamu

sanelee ylös nousun
pitkän kamppailun

3.11.2015

Viimeiset lähdöt

siipien suhina soi
ikävä kantaa

4.11.2015

Ennen ja Nyt

Piiskaava tuuli

läikyttää lammen pintaa
peili hajoaa
pilvi katsoo kummissaan
maiseman sekoitusta

4.11.2016

Yön tähtitaivas

linnunradan kimallus
sydämen rauhaa

5.11.2015

Päivän odotus

kirkastaa mielen tunteet
kuiskaa tulevaa

6.11 2015

Kulutan aikaa

tunnit vain vilistävät
kannattaako se

5.11.2015

Ennen ja Nyt

Isänpäivänä

kaipaava kyynelmeri
sinun vuoksesi
pienet jalkani tahtoi
juosta sylisi lämpöön

7.11.2015

Ränniä pitkin

kirkkaat pisarat juoksee
aamua vastaan
kota on aurinkosää
tuoksuaa sateen jälki

8.11.2015

Myrskyisä tuuli

rappukäytävän äänet
juoksuaskeleet
hetkellinen hiljaisuus
kadulla starttaa auto

9.11.2015

Raotan silmää

valot sammuvat yössä
rauhaton hetki
kyljeltä toiselle päin
aamu kohtaa unisen

9.11.2015

Myrsky viheltää

aukean pellon läpi
kullatut tähkät
vellovat tuulta vähän
valmistautuen lähtöön

9.11.2015

ENNeN ja Nyt

Kevään aamuna:

äinen tuuli

   pyyhkäisee pellon yli
     piennar vavahtaa
sammakko ottaa loikan
kadoten turpeen suojaan

Navettakissa
   suuntaa maitokupille
     hiiret mielessä
metsän verhossa käki
toistaa kukuntasarjaa

11.11.2015

Kirkasteisesti

   "kaamosvalot" tuikkivat
     kuusipuun sydän
sykkii odottavasti
osuisiko kohdalle?

11.11.2015

Pehmeä sade

    ripsii hiukset kosteiksi
    mieli tervehtyy
        (olen lenkillä)
Tuuli tuivertaa
    oksat kääntyvät kohti
    äkkiä on yö

                12.11 2015

Aukenee aava

    pirstoutunut yön hohde
    vallaton spektri
satuna haihtuu ilmaan
kuihtuu unien maahan

                12.11.2015

Hitaasti liikkuu

    usvainen härmä, suolla
    aamun aavistus

                13.11.2015

Ennen ja Nyt

Päivä kirkastuu

   lumen alta paljastuu
    elämän jäljet

14.11.2014

Terävää kieltä

   äännehti viulun kielet
    pyynnöistä raskaat
ei hilpeä sävel soi
eikä väki karkeloi

14.11.2015

Kevään ovella

   ikuinen tuuli kuiskii
    saloja julki
viriää puhdas mieli
hengityksen helppouteen

16.11.2015

Keskellä kesää

   rantalaituri kutsuu
    iloitteluihin
auringonkehrä katsoo
tutuiksi tulijoita

16.11.2015

Näin: syksyn synkän

keskellä kaamosvalot
ilontäyteiset
hetki hetkeltä parhaat
mielen sulostuttajat

16.11.2015

Joulun odotus

täysimittaistaa aikaa
runsauden keskeen

17.11.2015

Hämärän läpi

syttyvät illan valot
ikuiset tähdet

18.11 2015

Lapsi nukahtaa

äidin lämpimään syliin
onnellisena

18.11.2015

Ennen ja Nyt

Sinun huultesi

  aamun kuultava hämy
  kaino viritys
kohti päivää kuljemme
yhä käsi kädessä

18.11.2015

Kohokas kansi

  paksussa jääriitteessä
  uhmakkain äänin
muistuttaa "rospuutosta"
tulevina päivinä

19.11.2015

Pihapiirissä

  keltasirkkujen parvi
  etsii lounasta
lumimarjarykelmät
valkoisen hohdokkaina

20.11.2015

Kesän airueet

lennokkaat siipisirpit
täyttävät ilmaa
sininen kaihonkukka
sulostuttaa silmäykset

20.11.2015

Talven valkoisuus

ilon tuo ja valon suo
tiedontunteeseen

22.11 2015

Tonttuelämää

lapin kynttiläkuuset
huuruaa tiukkaan tahtiin

22.11.2015

Jääkuoren alla

virtaa puro väkevä
ahnas, salainen

22.11.2015

Ennen ja Nyt

Rauha, hiljaisuus

    sydämessä päivä uus
    hetken kestävää

        22.11.2015

Livahti aamu

    päivä katosi iltaan
    mietin elämää
askel askeleelta vain
olen oppinut tietä

        24.11.2015

Lumiset jäljet

    muistuttavat valosta
    sen kauneudesta

        25.11.2015

Ikkunan alla

    raskaina syvät jäljet
    kenen jättämät
pimeän pelko sattuu
missä olet äitini

        25.11.2015

Pilkettä silmään

pihan puolella hiipii
toinenkin pukki

27.11.2011

Hämärän läpi

kirkas kuutamon silta
valaisee tienoon
istun kirjoittamassa
olenko vielä täällä?

29.11.2015

ENNEN JA NYT

Naapurin koira ulvoo

*P*uiden oksilla

> riipuskelevat tähdet
> lumen väriset
poimin sydämestäni
kourallisen unia

1.12.2015

*I*kkunan takaa

> tuiskuista, kylmää tuulta
> vinkuu tylysti
naapurin koira ulvoo
kaihon katkeraa yötä

2.12.2015

*K*ynttiläkuuset

> erottuvat korkeuksiin
> hiljaisuudessa
tähdet syttyvät
> mieli palaa menneisiin
> muistien rikkauksiin

3.12.2015

Avattu ovi

> kynnyksen yli matkaa
> riittääkö aika
> lasken siipisulkia
> sydämen sykkeen verran

4.12.2015

Aatus polttaa

> kiire seisoo ovella
> hengittää yli
> kalpea kuu kumartaa
> tarjoaa hellää kättä

4.12.2015

Aussa oli

> pieni parkuva käärö
> sitten enempi
> jokaiselle jotakin
> riittävästi enempi

4.12.2015

Aamun lähellä

yö pakenee silmistä
vaistot heräävät
etsin outoja teitä
halun nujertamana

5.12.2015

Sieltä jostakin

uskon sinun katsovan
tähtisilmillä

6.12 2013

Läpi pimeän

lähestyy joulun taika
mielen iloisuus

8.12.2013

Elämän raitaan

vaatii jokainen aamu
selviytymistä
pelon laskeuduttua
henkii toivon kipinät

7.12.2015

Hämärtyy päivä

pidän helmasta kiinni
turvaten uneen

8.12.2015

Aamusta aamuun

pörrää joulukärpänen
kuusen ympärillä
mitä lienee mielessä
huolettoman matkassa

9.12.2015

Hidas kehitys

sydämen kohdalla yö
etsii paikkaansa
kaivertaa ja kokeilee
suodattaa herkät tunteet

9.12.2015

Ennen ja Nyt

*T*oisinaan aamu

    tunkeutui vieraakseni
    näkymättömiin
silloin aloin miettiä
kuka olin ja miksi
Sanot minulle
    miksi en kirjoittaisi
      kuten ennen tein
"rampa sanaton ratsu"
kuulsi vastauksestani

10.12.2015

*L*umi tuiskuaa…

    joulun aika edesssä
    -   tuikkii valoa
kodin lämmin tunnelma
kuin unelmaan ja unta

11.12.2015

Ennen ja Nyt

*S*yvä kaipaus

    istun itkuni yli
        huomisen varjoon
ulkona lumi
    valottaa kuvioita
    hiljaista tilaa
mieletön unimatka,
päättyy Rovaniemellä

13.12.2015

*Y*li päivien

    ajatus soljuu hiljaa
        kuin huomaamatta
yöksi ummistan silmät
uskoen herääväni

14.12.2015

*H*itaasti, hiljaa

    kirkastuu päivä yöstä
        hetken helmeilyyn
sydän takoo rinnassa
turvallista tahtiaan

15.12.2015

*A*munkoitteessa

herräsin unestani
    virkistyneenä
ulkona satoi lunta
talvi oli alkanut

18.12.2015

*H*yvällä mielin

aamu nosti päätänsä
    joulun tuikkeeseen
henkäisi kiireensä pois
venyi tonttujen riehaan

19.12.2015

*T*ämä hämärä –

tutut tuoksut lapsuuden
    muistoissa vain on
kaipauksen syvyyttä
kyynel mittailla ain voi

20.12.2015

Huurteinen piha

röyhelöhelmaiset puut
iloiset pilvet
oven avauksella
hulvaton joulurieha

17.12.2015

Kevättä kohti

kääntyy päivien janat
hurmosten jahdit
odotuksessa ovat
sääkset, kurkien aurat

21.12.2015

Tuulen väreily

varovaisen otsalla
täynnä vihjeitä

22.12.2013

Jostakin kaukaa

olin kuulevinani
lapsen äänesi
itkitkö vai nauroitko
kaiku ahnaasti toisti

22.12.2015

Äänetön ääni

tavoittaa korvan vangin
jää porraspuulle
valkoisessa talossa
syttyy harmiton aika

16.12 2015

Rajuilmoja

riittää huomisen yli
auringon kiertoon
kuutamon kujeet jättää
mieleen varjoja mättään

25.12.2015

Myrskytuulia

varjot kiitävät yössä
minä murehdin
kaipaan luoksesi turvaan
ajattomuuden taikaan

26.12.2015

Haavojen lepatukset

*K*uuntelen yötä

    käsi ojentuu, tarttuu
      löytää toisensa
  aina on uusi aamu
  läsnä hetken odotus

                    4.1.2016

*K*evyt kosketus

    kuin sanaton huokaus
      keskellä yötä
  raskaan rämeikön vanki
  ui pilvilaivaa kohti

                    5.1.2016

*T*uuleton aamu

    aurinko siistii silmät
      näköharhoista

                    5.1.2014

Nousin vuorelle

silmänkantamiin suota
ympärilläni
kuuntelin tuulen äänet
otin suunnan kotiin päin

6.1.2016, Loppiainen

Nousen vaaralle

huippuako tavoitan
erämaa huokaa
tuijotan kauas tyhjään
itkeä, vai nauraakko

7.1.2016

Kevättä kohti

kaiken tuskan keskellä
kulkee polkuni
löydänkö sinut vielä
kirkastatko päiväni

15.1.2016

*H*enkäyksen verran

jakaa elämä aikaa
riittäneekö se

16.1.2016

*K*uuntelen yötä

kertaan kaijuista sanat
kirjoitan muistiin
haavojen lepatukset
tuiskutuulien myötä

Sellainen aamu
unettomien sävelin
sydämen myötä

18.1.2016

*P*äivä valkenee

elän odotuksessa
aistien taikaa

19.1.2016

ENNeN ja Nyt

Vinhasti tuikkii

pilven lomasta
  "tonttujen kuorot"
tarkoituksin lupailit
lähettää varmat merkit

19.1.2016

Sinun silmäsi

loistaa elokuun yössä
  tähtien lailla
kainalosi lämmittää
suudelmia kerjäten

22.1.2016

Vain hetken kestää

auringon lasku mereen,
  täysi hiljaisuus

23.1.2016

Kuutamoyönä

istuin hiljaa kivellä
  äänetön hetki

28.1.2016

ENNEN ja Nyt

Villi viimake

Sivut täyttyvät

kohta näen untasi
kertaavat kuiskeet
piilottaudun varjoiksi
säikeiden leikkikenttään

4.2.2016

Tuuli ulvahtaa

vaimea vire säihkyy
antaudun leikkiin

4.2.2016

Villi viimake

kesyttää vaikean tien
hämärän katteen
jää jäljelle yötön yö
sen salatuimmat haaveet

4.2.2016

Aatuslepo

kaiken hälinän keskeen
pysähdyttävää

7.2.2016

Ennen ja Nyt

Odotuksessa

puutuneita päiviä
hiljaisuudessa

9.2.2016

Vaimea tuuli

valkea lumi leijuu
sulkee maisemaa
uniset silmät katsoo
muuttunein mielin aikaa

12.2.2016

Variksen laulu

soi, kuin herätyskello
aamupalalle

13.2.2016

Poikkeuksellinen

suden joiku korvissa
rajan riehakkuus
hillitöntä hämärää
pelon värähdyksiä

14.2.2016

Piirrän kaikua

onttoa, rauhatonta
paljastavaakin
syke jyskyttää rintaa
kuumottaen korvia

15.2.2016

Rajusti tuulee

ryskyen kaatuu kuusi
pihan vanhin puu

16.2.2016

Metsä värisee

kalpea kuu hengittää
pilvimeressä
yksinäinen kulkija
ottaa harha-askelta

17.2.2016

Ennen ja Nyt

Matala tuuli

  pyyhkäisee hartioita
    katse horjahtaa
sieppaa tukun iloa
elämisen riemulla

18.2.2016

Taas uudet tuulet

  etsivät tilaisuutta
    nousta pinnalle
ajatukset kutsuvat
valaistuneita luokseen

19.2.2016

Selätettyinä

  harmaat haarniskaunet
    vuosien pedot
taivaanrannalla kajo
arka, haihtuva häive

20.2.2016

ENNEN JA NYT

Ikävän lintu

Ikävän lintu

Yön pimeydessä

viimeisellä matkalla
kaksi kulkijaa
raskaasti taittuu taival
kyynelten vana hyytyy

21.2.2016

Kohtasin ihmeen

sinuksi kääntyi päivä
katosi tyhjyys
valoisuus kattoi hymyn
pyyhki puhtaaksi pölyt

23.2.2016

Läpi metsätien

linnunlaulun, aamuyön
kulkee elämä

24.2.2015

*T*unnelin päässä

sädehtii uusi päivä
verhoton hymy

25.2.2016

*M*onia teitä

olen kulkenut yksin
turvattomana
maailman pelko läsnä
taskun pohjalla tyhjyys

26.2 2016

*A*ukenee aamut

hiljennyt torppa palvoo
mennyttä aikaa

27.2.2016

 Vaalin iloa

> haikuilun salaisuutta
> tankojen lumoon
> etsin sanoista voimaa
> itseni hyväksyntää

28.2.2016

 Eteiskammion

> ajatuskupla kiehuu
> merkittävästi
> vaikutuslähde sykkii
> monta mutkaa tehdäkseen

29.2.2016

Pitkät aamun yöt

> vartioivat elämää
> tahtomattani
> otan askeleitani
> tarkoituksin harkiten

1.3.2016

Kaiken keskellä

yksinäinen ihminen
"soutaa ja huopaa"

3.3.2016

Ystäväluukku

Ihana yö

Tähdet ne tuikkivat vaan,
eikä aikaakaan,
kun pikku pupu tupsahtaa,
tänne meille tanssimaan.

Pikku pupu kutsuu muutkin,
tänne meille tanssimaan.
Jo liittyy kuukin,
tähän leikkiin mukavaan.

Jos tulet joskus tälle aukiolle.
Niin aika menee nopeasti,
ja niin leppoisasti.
Koska pupu perhe siellä asustaa,
ja isä pupu siellä myös laahustaa.

Maija

ieni kesäilta

On kesäilta ja kun itse pysähtyy hetkeksi ja keskittyy kuuntelemaan, kuulee kaikenlaisia ääniä. Linnut laulavat ja puhuvat toisilleen, puut humisevat ja heiluvat kevyesti.
Tallissa olevat hevoset pärskähtelevät ja hirnuvat toisilleen, sillä ne odottavat jo innolla seuraavaa päivää, jolloin ne pääsevät kesälaitumille laiduntamaan tuoretta ja maukasta heinää. Nuotio paukkuu ja sen kipinät leijailevat ihan kuin leikkisivät piirileikkiä ja kun haistat ilmaa, se tuoksuu raikkaalle ja puhtaalle, niin kuin kaunis kukka, joka kukoistaa kauneuttaan. Sellaisia asioita liittyy pieneen hetkeen, joka on vain pieni.

Sonja Aaltonen, 11 vuotta, Riihimäki
(4.7.2009)

imeyden tango

Piru piipulla istui
ja polkkaa soitti.
Ei valssia tullut,
vaikka kuinka se koitti
ja koitti.
Viimein sisu petti
laiskuus voitti
tuli vilusta
Pimeyden Tango

Orvokki Koskinen
Isojoki (18.11.2015 Kotilappi.lehti)

Vaikka tuuli ulvoo
taivas vettä viskoo
tehdään kuitenkin
       tästäkin
hyvä päivä

Orvokki Koskinen
Isojoki (17.10.2015)

yntymäkoti Salla

Soitten kasvatti, pohjatuulten
karaisema.
Kasvatti juurensa, pohjoisen
sydänmaille.
Synnyinseudun juuret
auttoivat vaikeina aikoina,
elämän virrassa.
Vahva tieto siitä: on olemassa maa
ennen meitä
jälkeen meidänkin
Lapin maa

Orvokki Koskinen, Isojoki

uun sillalle

Kuun sillalle
    kutsun sinut
kanssani kulkemaan
    muistojen unelmien
    haaveiden
      toivemaahan

Orvokki Koskinen, Isojoki
(17.1.2016)

 Ensi lumi

Herään aamuun valkoiseen
lumi peittänyt on maan
katselen kuin ihmeeseen
vai uneksinko vaan.

Metsä on kuin satumaa
puun oksat nuokkuvat
varvut kaislat peitteen saa
talvi uneen vaipuvat

Tiaiset, varpuset, punatulkut
ruokaa etsivät
ja kohta lintulaudalta
syövät minkä ehtivät

Näin alkaa talvi koittaa
nietokset maan voittaa
vaikka lumitöitä riittää
saamme kaikesta Luojaamme
kiittää

Raili Koivula, Loppi (24.11.2015)

 Talven taikaa

Halla on huurruttanut
puut kauniiksi.
Auringonsäteet kimaltavat
niiden oksilla.
Luonto on muuttunut
kuin satumaaksi.
Lumihiutaleiden putoillessa
maahan,
kuvittelen ne pieniksi keijuiksi,
jotka kisailevat keskenään.
Ihan kuin odottaisin
linnun pyrähtävän lentoon
tai oravan kurkistavan puun oksalta
mutta ketään ei näy.
Luonto on kuin pysähtynyt
kuuntelemaan metsän hiljaisuutta.
Kuljen verkalleen polkua pitkin
omat ajatukset seuranani.

Raili Koivula, Loppi
(1.12.2015)

 esäyö

Kesä kaunein meillä on
juhannus aivan verraton.
Linnut laulaa, käki kukkuu,
sorsa kaislikossa nukkuu.

Sinitaivas järven kohtaa,
koivun rungot valkeina hohtaa.
Tää on kesäyön taikaa,
kuikan ääni järveltä raikaa.

Kokkotuli loimuaa,
veden pintaan heijastaa.
Saunasta savu tupruaa,
vihta oottaa vastojaa.

Luonto parastaan näyttää,
maan kukillaan täyttää.
Radiossa musiikki soi,
ei ihanampaa olla voi.

**Raili Koivula, Loppi
(24.6.2005)**

Helvi-Maria Juola, Hailuoto

Syvää vihreyttä

kantaa pihlajan oksat.
Valkoinen seppele poissa.
Morsiushuntu elämän arkeen
vaihtunut.
Sato kypsyy

(1.7.2014)

Kauneimmat kukkaset

kukkivat muistojen
raunioilla.

(1.8.2014)

Olen ankkurissa

en toki ajopuuna
-   vielä

(1.8.2014)

Ennen ja Nyt

Kevättuuli rajuna

pilvien lampaita paimentaa.
Jospa poistais pilvet
myös mielen taivaalta
niin, että auringon
säteet lämmittäis

(20.3.2015)

Vain tyhjääkö huhuilen

yöhön ja pimeyteen.
Elokuun kuulaat yöt
nekin oli ja - meni

(4.9.2015)

Syksyn taika

tummaa
siitäkin huolimatta
kaunista
Muutosten aikaa.

(25.9.2015)

ENNeN ja Nyt

Olen väsynyt

lauluni valheeseen.
Tee minut
lapseksi jälleen!

(9.11.2015

Oi ilta kun laivasi lähti

Oli syksy ja tuulet soi.
Lohtua antoi taivaalle
syttynyt tähti

(25.11.2015)

ämmikkeet

Kauhtunut, väljä villapusero
tapetun pässin villasta
kartstattu ja kehrätty
mummon langoistaan neuloma

Tikutut kerrokset kertovat
harmaata tarinaansa
ja muistot kertaavat
mummon kiikun liikkeet ja
kipeät pässin puskut

Talvipakkasilla
pusero pääsee oikeuksiinsa
tehtävään, jonka mummo sille antoi
kuin käskien,
pidä tuo ihmispässi lämpimänä

Taas mennään
karvareuhka korvilla
pusakka puseron suojana
ja huopakengät jaloissa kohti
kevättä

Justin Larma 2016

YLLäTYSLUUKKU

Tuula Salomaa

Kotiseutuni Loppi-runoja

Synnyinseutuni Loppi
kotiseutuni Loppi

täällä vanhenen
päivästä toiseen ajattelen
tarinaa

pääsen sisälle
kuin aukaisisin
vanhan kaapin oven

paljon olen unohtanut
olen rikas
rakas, ja oikeutettu

paperilla

perjantai 11.8.2000

Puhun sinulle

sinun ajatustesi kieltä
lähestyn sydäntäsi
enkä haavoitu
myllerrän kainalossasi
sekoitan kaikki planeetat
helminauhastasi teen kestävän riipuksen
kaulaani
ja rauniot kukkivat
ikuista unta

maanantai 14.8.2000

Olen avannut oven

ja tullut kotiin
hiljaista
parvekkeen katosta rapisee
maali
ikikukka, pellis, kukkii
tyhjät astiat
ruokapalvelun jäänteet
seinillä ohjekirjoituksia
muistutuksia päivien h-hetkistä
verhon raosta
katsoo ulkopuolisuus
tyhjä käsi tavoittaa kaikua
muistojen ystävää
rikasta elämää

tiistai 15.8.2000

*K*irjoitan sinut pilviin

sinulla on kädessäsi
taivasten valtakunnan avaimet

polvistun ja rukoilen
aukaise siipeni
avaa ovi tuntemattomaan
olen väsynyt matkamies
syvä ikävä huutaa turvallista pehmeyttä
nallekarhun karvaista rintaa

Tartun oljenkorteen
jokaiseen ojennettuun käteen
tulen autetuksi ja autan

torstai 22.6.2000

Ennen ja nyt

Aamu tiivistyy

rauha
iän mukanaan tuoma
kuulemattomuus
elämän rajut muutokset

juoksuhaudat täyttyvät
vielä sykkii sydän
vikaperä
itkettää jäsenten jähmeys
päivästä päivään odotus

yöt lepoa
kiihkeitä unia
nuoruuden haaveita
sekavuutta
kaiken yllä kohtalonviitta

torstai 10.8.2000

Päivien jonot

tutut, vanhat kyttyrät rivissä
eteenpäin ei ole kiirettä
kaikenkatsoneet silmät
eivät välitä
joskus satuttaa
kuutamo
joskus
unta narisevat ovet
ystäviä aikoina parempina
vaatteiden kutistuneet muodot
turpoavat yltä
repeävät
yli kaikkien huomisten

keskiviikko 2.8.2000

Herään neljältä

pimeää
sade rummuttaa ikkunaa
en liikahda
olen sänkyyn sidottu
huolien säikeillä
hikipisarat ohimoilla

petän itseäni
kohta kaartuu sateenkaari
kestävä
nielaisen kokonaisen sadun
unen varmaa
sen voitto

torstai 17.8.2000

Aamuhämärässä

usvaiset silmät
unen jäljet
syvät viillot sydämessä
ei kuku kultainen käki

raskas on päivän valo
kiertyy polku mutkainen
odottaa mutainen suo
pettävät pitkospuut
ja tuo, kihokkimeri tahmainen

ohitettava vaarat kaikki
taisteltava puhtaaseen iltaan

hetken muistelen valkoista siltaa
sen alla veden kuohuvaa pintaa

mitä vielä
en tahdo, en toivo
tämä elämä riitti
sanon kaikelle kiitti
monen rinnassa vielä palaa
minä kuolemaa tervehdin salaa

Tänään on punnukset tasan

tyhjät kuppostenpohjat paistaa
riisuttu viimeisetkin vaatteet
pitkä uni odottaa
toiset tarttuvat kädestä
vakuuttavat
hyvin on
kohta helpottaa

perjantai 18.8.2000

Edesmennyt kirjailija Juhani Peltonen lepää

Lopen hautausmaalla.
Minulla oli kunnia kesätreffeihin 9.5.2000.

Elämän aallot

> Elämän aallot
> tyyninä
> on linnunlaulu
> hengellä vapaus
> sanat kirjoitetut
> löytävät
>
>
> tiistai 9.5.2000

Ennen ja nyt

Näen unta elämästä

kynän jälki
kertoo
totuus katsoo totisin silmin
enkä sulje ikkunaluukkuja

astukaa sisään
katsokaa
onnenkukka kukkii
matkaeväs
se, jota jokainen rakastaa
joskus

torstai 3.8.2000

Väkevä puro

virtaa
liikehtii jäämassojen alla
pursuu keväistä iloa
matkaamisen halua
päin esteitä
kiire
mutta
ymmärtääkö sekään

keskiviikko 16.8.2000

Elokuun viimeinen
ilta
tahdon ja odotan
tapahtukoon sinun tahtosi
peruuttamattoman raskas
jokaisen on kestettävä
vuorollaan
sade peittää hetkeksi
näkyväisyyden
korvat kuuntelevat
tarkkailevat
löytyisikö jotakin
mihin tarttua
heittää salatun toivonsa
kipinän

keskiviikko 23.8.2000

Käärin kokoon juhlamieltä

mausteista torttua
sinapin kera
kitkerää –
sanoi kettu pihlajanmarjoista
kieltä lipoen

olen jo matkustanut
pois
tänään siivoan
hävitän eletyn
pätkän elämää ihmisten mielistä

itselleni näytän
sovinnaiset kasvot
luen, ja etenkin kirjoitan
on helppoa
olla olematta

torstai 24.8.2000

YLLÄTYSLUUKKU

Minun tarinani

Minun tarinani

> Tämä hiljaisuus
> valkovuokot ja mustikankukat
> niukanlaisesti rahkasammalta
> kosketan niitä

Koivunrunkojen väleistä
pilkottaa Huhkajalampi
-kottarainen viheltää

> Minä muutaman vuoden ikäinen
> orpo, tyttölapsi Santahaminasta,
> sodan jaloista kotiutunut.

Turvallisen tuvan kätköissä,
vanha vaari polttaa rauhanpiippua,
toimelias mummo häärää talousaskareissa.

Pillahdan itkuun.

Kaipaan äitiä – kuinka kurjasti pappi
sanoikaan hautajaisissa – sinä olet
maasta tullut – en tahdo ajatella!
            Juoksen takaisin metsään,
            poimin valkovuokkoja.

Pesen kasvoni kirkkaalla lähdevedellä,
keijut alkavat tanssia
            Huhkajalammen usvassa

Sydän pamppaillen odotan,
mutta kukaan ei kutsu.

Vuodet vierivät –

Elämä tuntuu yksinkertaisen selvältä.
Maailmankuva antaa ymmärtää
mitä ja minkäverran minulle kuuluisi

Eräänä elokuun aamuna

Herään Rajajoosepin vartiotuvassa
reippaaseen koputukseen.
Oven avauduttua
tunkeutuu tuoreen kahvin tuoksu sieraimiin.
Kello on viittä vailla kuusi,
kohta saapuu Ivalosta postiauto uusi!
Hyvää matkaa! Neiti!

Kauaksi olin ehtinyt sen aikaisen mittapuun

mukaan. Työn tohinassa "alla venäläisen kuun"
täytin 21 vuotta.
Alkoi täysi-ikäisyys.
Jossain vaiheessa ryhdyin kirjoittamaan runoja.

Ennen ja Nyt

Silloin lapintiira kirkui korvissani

Siirryin helposti Hailuodon rantaviivalle.
Merituuli puhalsi ja aallot alkoivat loiskia –
        aivan pärskähtelivät rantakiviin.
        kastelivat utuiset silmäni.
Puuttui enää vain seireenien
vastustamattomat kutsuäänet.

Annaasti kirkastuu jokainen päivä

Aina on minun aikani
        syöksyä muistelujen virtaan,
itkeä ja nauraa, olla onnellinenkin
mutta, maaksi on minun vielä tulemaan

Aurinko laskee

muistojen kukat
haalistuvat
    Nousen ehtiäkseni
    etsiä uusia teitä
    vielä on annettu aikaa,
    aikaa –
        jota en tahdo
            hukata

Tämä hiljaisuus

ihanat valkovuokot ja mustikankukat
  niukanlaisesti rahkasammalta
    kosketan teitä…..

Vaari Frans Nikolai Salomaa
ja mummo Olga Vilhelmiina

Vaari ja serkkuni Sointu

Sisälmys:

Lukijalle 6
Silloin jo tiesin 7
Rontikas ja lypsyjakkara 13
Pesupäivät ja perheyhteisö 16
Etsin sinun kuvaasi 19
Uutta aamua 34
Etsin valon lähdettä 37
Kaiken kattava viisaus 39
Kuin mustan kissan varjo 47
Taikalintujen huilut 59
Naapurin koira ulvoo 74
Haavojen lepatukset 85
Villi virmake 90
Ikävän lintu 95
Ystäväluukku 100
Yllätysluukku Tuula Salomaa 113
Yllätysluukku minun tarinani 128
Sisällysluettelo 135

ENNEN JA NYT